DICTIONNAIRE

DE LA COMMUNE

ET

DES COMMUNEUX

PAR

LE CHEVALIER D'ALIX.

DEUXIÈME ÉDITION.

PRIX : UN FRANC.

LA ROCHELLE,
DÉPOT CHEZ A. THOREUX, LIBRAIRE-ÉDITEUR.

NOTE DE L'ÉDITEUR.

Notre première édition a été enlevée si rapidement que nous sommes obligé d'en publier une seconde sans que l'auteur ait eu le temps de remettre la main à son travail et de l'augmenter.

La troisième édition sera tenue au courant des événements jusqu'au jour de sa publication.

La Rochelle, le 11 mai 1871.

A. T.

DICTIONNAIRE
DE LA COMMUNE

ET

DES COMMUNEUX

PAR

LE CHEVALIER D'ALIX.

PRIX: UN FRANC.

LA ROCHELLE,
DÉPOT CHEZ A. THOREUX, LIBRAIRE-ÉDITEUR.

IMPRIMERIE G. MARESCHAL.

Tous droits réservés.

Nous avons commencé, il y a quelques jours à peine, le petit travail fantaisiste que nous publions aujourd'hui sous le titre de Dictionnaire de la Commune et des Communeux, *et déjà il a fallu le modifier et le retoucher en plus d'un endroit.*

Les actes et les personnes de la Commune se succèdent en effet avec une telle rapidité, c'est un kaléidoscope à vapeur fonctionnant d'une façon tellement vertigineuse, que l'on peut à peine en suivre les lugubres évolutions. Ce qui était hier ne sera plus demain et, dans huit jours, Dieu sait quels nouveaux changements aura subis le volcan en éruption. Il faudrait, chaque jour pour ainsi dire, remettre la main à notre travail, et le recommencer sans cesse.

Son seul mérite — s'il en a un — est l'actualité : nous ne pouvons pas le lui laisser perdre et attendre pour le produire que la Commune et les Communeux ne soient plus qu'à l'état de sombre souvenir.

IV

Nous l'offrons donc tel qu'il est au public.

Si le mauvais génie de la France voulait que l'affreuse situation dans laquelle se trouve notre malheureux pays se prolongeât encore et si notre bonne étoile, à nous, faisait que notre petit livre reçût un accueil favorable, nous pourrions le continuer et le compléter.

C'est ce que nous désirons le moins au monde.

CHEVALIER D'ALIX.

1er Mai 1871.

A

ABAISSEMENT. — Le plus haut niveau moral auquel aient jamais pu atteindre les Communeux.

∞

ABIME. — Le tombeau qu'ils préparaient à la France et où ils se précipitent.

∞

ACTIVITÉ. — Une bien belle chose, puisqu'elle permet « à quinze cents Républicains » actifs, *expérimentés*, de faire le travail de » dix mille personnes et de faire remarcher » les administrations. » (*Circulaire des délégués aux Contributions directes. 2 avril*).

∞

AÉROSTIERS. — « Compagnie destinée à
» faire communiquer intellectuellement avec
» la province la Commune de Paris qui a le
» plus grand intérêt à ce que la vérité soit
» (sic), et à faire connaître à tous, et ses
» actes et ses intentions. » (*Arrêté de la
Commission exécutive. 20 avril*).

∞

AFFICHE *de la Commune.* — Placard émanant de la susdite, qui se fiche du bon sens autant que des honnêtes gens.

∞

AFFRANCHI (L'). — Journal du citoyen Paschal Grousset et « des hommes libres. » S'affranchit des règles les plus élémentaires des bienséances et de la morale.

∞

AGE D'OR. — Ce qu'ils nous réservent s'ils étaient vainqueurs.

∞

ALIÉNÉS. — « Les directeurs d'établisse-
» ments d'aliénés sont invités à envoyer,
» dans les quatre jours, un état nominatif

» complet de leurs malades. » (*Arrêté du 16 avril*).

— Est-ce pour combler les vides de la Commune ?

∽

Amendes, Retenues. — « Punitions aussi
» immorales au fond que dans la forme ;
» qu'aucune administration publique ou pri-
» vée ne pourra plus imposer. » (*Arrêté de la Commission exécutive, 27 avril*).

∽

Amouroux, — Secrétaire de la Commune qui demande la suppression de tous les journaux. (*Séance de la Commune du 22 avril*). — Oh ! le bon jeune homme !

∽

Araucaniens, Patagons. — Des gens, très-civilisés à côté des Communeux.

∽

Arbitraire. — Leur code.

∽

ARRESTATION. — La petite monnaie de l'insurrection.

༼༽

ASSASSINAT.— Le chassepot perfectionné.

༼༽

ASSASSINS, LACHES, TRAITRES. — « Les » chefs et les troupes de l'Assemblée nationale. » (*Proclamation de la Municipalité du XXe arrondissement*).
Le Comité central, jugeant à propos de renchérir sur la Municipalité, poursuit la série d'épithètes : « Parjures, faussaires, » voleurs, voulant noyer la justice dans le » sang. » (*Journal officiel de la Commune, 7 avril*).

༼༽

ASSI. — Le héros du Creuzot. Assis d'abord au fauteuil de président du Comité central, est écroué, sur l'ordre de ses collègues, à la Conciergerie.— *Ah! Si* il avait su!

༼༽

Associations coopératives. — Association de travailleurs « chargée d'élaborer la » cession *définitive* aux ouvriers, des ateliers » abandonnés par leurs propriétaires, sauf » indemnité ultérieure aux patrons. » (*Décret du 16 avril*).
— Voilà le droit au travail distancé.

∽

Attributions normales. — « Cercle dont » la Commune de Paris n'est sortie qu'à son » grand regret et pour répondre à l'état de » guerre provoqué par le Gouvernement de » Versailles. » (*Proclamation aux départements, 6 avril*).

∽

Avenir. — Ce que la Commune s'est chargée de régénérer.

∽

Aventuriers. — Dombrowski, Plonsbonski, Matucewicz, Olocowicz, Frankel, Wroblewski, venant pratiquer sur Paris — *in animâ vili* — « la méthode expérimentale » de l'*universalisation* de la propriété. »

∽

Avoine. — Membre de la Commune chargé sans doute de nourrir ses collègues. —Ils sont mieux traités qu'ils ne le méritent.

B

Bail. — Convention qui lie le propriétaire, mais dont le locataire est complétement libre de s'affranchir. (*Décret du 29 mars*).

Ballons. —
 « Si d'aérostiers, vers la lune,
 » Un décret lance un bataillon,

» C'est que bientôt à la Commune
» On enlèvera le ballon. »
— A moins que ce ne soit le ballon qui enlève la Commune.

(*Quatrain affiché à la devanture d'un magasin du boulevard Montmartre, le jour du décret sur les aérostiers, 20 avril*).

∽

BARRICADES. — Edifice pavé... de mauvaises intentions.

∽

BERGERET. — Ouvrier typographe en disponibilité; général et ministre à ses moments perdus. Il opère lui-même.

∽

BILLIORAY. — L'un des présidents de la Commune, dans laquelle il cherche à faire entrer quelque *accord* en sa qualité d'ancien joueur de vielle. — L'habitude qu'il avait d'entrer dans les *cours*, le fera sans doute nommer incessamment ambassadeur.

∽

BLANQUI. — L'un des pères de la Commune. Il a trouvé moyen de tomber entre les mains du gouvernement qui l'a mis en lieu sûr. On prétend qu'il n'en est pas fâché étant ainsi à l'abri des coups de fusil pour lesquels il professe moins d'amour que pour la démocratie. — La Commune avait songé à proposer son échange contre l'archevêque de Paris. Il est douteux que le prudent citoyen se soit vu avec enthousiasme contraint de rentrer dans l'arène pendant qu'il y a encore du danger.

∽

BONNET ROUGE. — Nouveau journal sorti du ruisseau et dont les honnêtes gens ne sont nullement coiffés.

∽

BOULET. — Ils l'ont traîné assez longtemps pour qu'ils le lancent aujourd'hui à la tête des autres.

∽

BRÉA (EGLISE). — « L'église Bréa, 76, ave-
» nue d'Italie, étant une insulte permanente
» aux vaincus de juin et aux hommes qui

» sont tombés pour la cause du peuple, sera
» démolie. L'emplacement s'appellera : Place
» de Juin. » (*Décret de la Commune, 27 avril*).

∽

BRUNEL. — L'un des trois qui, avec Eudes et Duval, sont « nommés généraux et investis
» de tous les pouvoirs militaires de Paris, en
» attendant l'arrivée de Garibaldi. » (*Arrêté du Comité central du 24 mars*).
La monnaie du grand homme.

C

CAMISOLE DE FORCE. — Uniforme réglementaire des insurgés, qu'ils cherchent à mettre à la nation.

∽

CANAILLE. — *Voyez:* COMMUNE.

CANONS. — Les Communeux n'en prennent que sur le comptoir.

CAPITAL. — Ecrasons l'infâme !

CAVALIER (GEORGES). — A acquis une telle notoriété sous le nom de PIPE-EN-BOIS, qu'il est inutile de rappeler son passé. Ex-secrétaire intime de Gambetta ; ingénieur en chef des promenades et plantations de Paris. — Quand mon cœur pense à celui dont il a pris la place, *ça le fend !*

CAVE. — « Il a été *trouvé*, dans les caves » officielles, des vins fins qui seront distri- » bués aux ambulances de Paris. » (*Journal officiel de la Commune, 16 avril*).
Des *caves officielles*… Cela me fait rêver.

CHARETTE, CATHELINEAU. — Des *Chouans* qui ont, paraît-il, le don d'ubiquité ; car, pendant qu'ils sont à reformer leurs bataillons de braves en Bretagne, ce sont eux « qui » nous ont attaqués, ont couvert de mitraille » et d'obus le village inoffensif de Neuilly et » ont engagé la guerre civile. » (*Proclamation à la garde nationale, 2 avril*).

∽

CHATILLON (REDOUTE DE).
— « Soutiens-moi ! »

∽

CHINOIS. — Ceux de Chine le sont positivement moins que nous.

∽

CHOMAGE. — Le travail réglementé par la Commune.

∽

CLERGÉ. — « Le complice des crimes de » la Monarchie contre la liberté. » (*Décret du 4 avril*).

∽

Clubs, Réunions publiques. — Le collége de France de l'insurrection.

∾

Cluseret. — Ex-voleur de couvertures étant capitaine de chasseurs ; ex-voleur de moutons étant régisseur de M. de Carayon-Latour ; ex-général américain ; ex...pulsé de Lyon et de Marseille. Actuellement ex-ministre de la guerre de la Commune. — Décrété d'accusation par la Commune. (*30 avril*).

∾

Colonne Vendome. — « Monument de
» barbarie, symbole de force brute et de
» fausse gloire, affirmation du militarisme,
» négation du droit international, insulte
» permanente des vainqueurs aux vaincus,
» attentat perpétuel à l'un des trois grands
» principes de la République française, la
» Fraternité. » (*Décret du 12 avril*).
— A démolir pour en faire des gros sous.

∾

Comités. — Hydre aux sept têtes. Il y en a partout et pour tous, sans compter les sous-comités, commissions, sous-commissions, délégations, et le reste.

∽

Comité central. — « Grand conseil de
» famille veillant à l'accomplissement du
» devoir *et ne voulant aucun pouvoir poli-*
» *tique.* » (*Journal officiel de la Commune,*
7 *avril*).
— Que serait-ce donc s'il en voulait?

∽

Commissaires-priseurs. — Commissaires très-prisés par la Commune puisqu'elle en fait des fonctionnaires. (*Décret du 23 avril*).
— En sera-t-elle plus *estimée?*

∽

Commune. — Les Ecuries d'Augias. — On réclame Hercule.

∽

Communeux. — Une secte de gens qui communient sous les deux espèces : le sang et la boue.

COMPLICITÉ.— « Toute personne prévenue de complicité avec le Gouvernement de Versailles sera immédiatement décrétée d'accusation, incarcérée et retenue comme ôtage du peuple de Paris. » (*Décret du 7 avril*).

∞

CONCILIATION.— « La conciliation avec les Chouans et les mouchards qui égorgent nos généraux (!) et qui frappent nos prisonniers désarmés (!!) c'est trahison. » (*Arrêté de la Commission exécutive, 6 avril*).

∞

CONFIANCE.— Ce que la Commune inspire le moins.

∞

COUR MARTIALE. — Un lit d'injustice sur lequel il n'y a que des *paillasses* rouges.

∞

Courbet. — Le président des peintres !
Comme qui dirait — si l'on n'était pas en
République — le roi de la peinture !!

Crédit. — ???

D

Dames de la halle. — Femmes qui ont donné l'exemple du courage aux trembleurs parisiens, en allant réclamer et se faisant rendre leur curé de Saint-Eustache.

DÉBACLE. — En route pour Cayenne!

~

DÉCLARATION AU PEUPLE FRANÇAIS. — *Lisez :* Déclamation.

~

DÉGRADÉ. — Tout ce que touchent ces gens là et tout ce qui les touche.

~

DÉLÉGATIONS AUX MINISTÈRES. — Nettoyage en grand de l'argenterie et des valeurs desdits immeubles.

~

DÉLUGE. — Débordement général... de circulaires, ordres, proclamations, déclarations, décrets, arrêtés, etc., etc.

~

DÉMAGOGIE, DÉMOCRATIE.
Démocratie : La demi-tasse et le petit verre.

Démagogie : Le bain de pied en plus, avec le *pousse-café* et la *rincette*.

✼

DÉSORDRE. — L'ordre pour la Commune.

✼

DESPOTISME. — Le pire de tous est celui de la canaille.

✼

DEVOIR. — « La Commune a le devoir
» d'affirmer et de déterminer les aspirations
» et les vœux de la population de Paris, de
» préciser le caractère du mouvement du 18
» mars, incompris, méconnu et calomnié par
» les hommes politiques qui siégent à Ver-
» sailles. » (*Déclaration au peuple français,
19 avril*).

✼

DOIGT DE DIEU. — Que l'on s'obstine à ne pas voir, quoique si terriblement visible dans les événements actuels.

✼

Dombrowski. — Polonais dépolonisé. A fait dans la fabrication des faux billets de banque son apprentissage de la fabrication des faux bulletins de victoire qu'il publie actuellement comme commandant de Paris.

✥

Drapeau. — Celui de la Commune en rougit de honte.

✥

Drapeau rouge. — Loque immonde teinte de trop de sang et de trop de larmes pour devenir jamais le drapeau de la France.

✥

Drapeau tricolore. — « Drapeau qui, » après avoir été souillé de toutes les trahi- » sons et de toutes les hontes de la Monar- » chie, est devenu la bannière flétrie des » assassins de Versailles. » (*Arrêté de la Commission municipale du 7 avril*).

✥

Droit. — « Ce que représente la Com- » mune, c'est-à-dire le bonheur de tous par

» tous, la liberté pour tous et pour chacun,
» sous les auspices d'une solidarité volontaire
» et féconde. » (*Proclamation aux départements, 6 avril*).

E

ECHÉANCE. — Epoque à laquelle les gens intelligents refusent de payer ce qu'ils doivent.

EGLISES. — Monuments de la superstition, bons à faire des casernes.

Electeurs. — Les moutons de Panurge.

∽

Elections. — Pour la fô-orme! pour la fô-orme!

∽

Elus de la Commune. — 500 voix sur 12,000 électeurs.

∽

Emeute. — Rente de la République trop régulièrement payée.

∽

Enseignement. — « Il est urgent de hâter
» partout où elle n'est pas encore effectuée
» la transformation de l'enseignement reli-
» gieux en enseignement laïque. » (*Arrêté du 28 avril.*)

∽

Entêté. — « Le Mont-Valérien, » dans le langage de l'Hôtel-de-Ville.

∽

Equilibre. — La pierre philosophale des jongleurs politico-communeux.

❧

Etat-Major. — « Quand on prend du galon..... »

❧

Étéocle et Polynice. — Les patrons de messieurs de la Commune.

❧

Etrangers. — Ce qui constitue la majorité des insurgés *parisiens*. — On les évalue à 30,000 de toutes nationalités.

❧

Eudes. — Général, ex-ministre de la guerre du Comité révolutionnaire. A fait ses études militaires dans tous les cafés, bastringues et caboulots de la capitale. Etait arrivé en dernier lieu à être marchand de contre-marques à la porte des petits théâtres. A assassiné un pompier peu de jours avant le 4 septembre : c'est un détail.

❧

Excès. — Si vous les aimez, ils en ont com...mis partout.

F

Fabrice. — Général prussien. Pas poli du tout, ce monsieur. N'a pas répondu aux communications officielles de Son Excellence Paschal Grousset, délégué aux relations extérieures.

Famille, Propriété, Religion. — Zut !

Fange. — Leur élément.

☙

Fédération de la Commune. — Sacrée-Alliance.

☙

Fléau. — Attila fut celui de Dieu; la Commune ne serait-elle pas celui du diable?

☙

Flourens. — Dieu ait son âme!

☙

Folie. — A remplacé sa marotte et ses grelots par des chassepots et des mitrailleuses.

☙

Forçat. — Candidat apte à tout.

☙

Fortifications. — Les fortifications de Paris tirant sur M. Thiers, n'est-ce pas

Saturne égorgeant son père en attendant qu'il dévore ses enfants.

FRATERNITÉ. — « Ote-toi de là que je m'y mette. »

FRÈRES ET AMIS. — Chiens et chats.

G

GAILLARD (NAPOLÉON). — « A fait sa fortune dans le commerce de la chaussure et l'a dissipée dans le commerce des Grâces. Porte un béret rouge en toute saison, et se dit prêt à mourir pour la liberté, » a dit de lui A. Scholl. — Faisait au 1er avril partie de la délégation des vingt arrondissements. Nous ne savons où il est passé depuis lors.

∽

GAMBON. — L'homme à la vache. Membre de la Commune. Ecrit pas mal. — « Frères, si Paris trahi, livré, insulté, provoqué, attaqué violemment, est assez fort pour défendre son droit, la France ne peut se dispenser de son devoir. Agissez donc. Plus de conscription, plus de police, plus d'octrois, plus d'impôts sur les boissons, plus de gendarmes, plus de vols, ni rats de cave, ni rats d'église, ni rats de théâtre, ni rats de palais. Travail et lumière partout. » (*Aux communes du centre de la France, 29 avril.*)

— Plus de rats !... Mais les vaches ?...

∽

GARDE NATIONALE. — « Puissante institution, espoir et salut du peuple, magnifique faisceau formé par la communauté de la souffrance. A la veille de sombrer sous son triomphe, ce qui menacerait cette Révolution si grande, si belle et si *pacifique*,

» de devenir violente, c'est-à-dire faible. »
(*Ordre du général Cluseret. 8 avril.*)

∽

GARIBALDI. — Acclamé général en chef de l'insurrection, le 24 mars, par le Comité central. N'a pas jugé à propos d'accepter.
— Merci, mon Dieu !

∽

GÉNÉRAL. — « Grade incompatible avec
» l'organisation démocratique de la garde
» nationale, et désormais supprimé. »
(*Décret du 6 avril.*)
— Ils continuent à le porter plus que jamais.

∽

GOUPIL (LE DOCTEUR). — Le médecin des urines. Délégué à la Commission de l'Enseignement. Une des lumières de la Commune.
— Parbleu ! il s'est tant occupé de vessies.

∽

GRÉLIER. — Blanchisseur à la Villette. Chargé pendant quelques jours du Ministère de l'Intérieur, où il ne s'est fait connaître que par son empressement à se faire indiquer une porte de derrière pour filer.

GUILLOTINE. — Ils l'ont brûlée. — Le chassepot va plus vite.

H

HENRY. — Général, qui n'est pas général tout en étant général.
— Est-ce lui, est-ce l'autre ?

Honneur. — Vieille machine, à relégue[r] dans les accessoires hors de service du théâ[-]tre de Belleville.

∽

Honneur républicain. — « Une chos[e]
» qui exige que les membres de la Commun[e]
» puissent entrer partout, puissent mêm[e]
» forcer les portes. » (J. Vallès, séance de l[a]
Commune du 23 avril).

∽

Honte. — Si encore ils la gardaient pou[r]
eux ! Mais il la font rejaillir sur le nom fran[-]çais.

∽

Horreurs. — « Le Gouvernement de Ver[-]
» sailles s'est rendu coupable d'horreur[s]
» dont ne se sont pas souillés les envahis[-]
» seurs du sol français. (Décret du 7 avril).

∽

Hotels. — Greniers d'abondance des ci[-]
toyens Communeux. Quand il manque quel[-]que chose à ces aimables jongleurs, on va

quisitionner ou piller un ou plusieurs ôtels, et le tour est fait.

HOTEL-DE-VILLE. — Succursale de Chaenton. Exutoire de la Conciergerie et de lazas.

HUISSIERS. — « Officiers ministériels qui refusent d'instrumenter. Refus inexplicable! » (*Journal officiel de la Commune*, 9 avril).

I

IDÉAL. — La Commune établie partout.

Ignominie. — Heureusement pour eux qu'on n'en meurt pas.

∞

Illusion. — Croire qu'on peut recommencer 1793.

∞

Impasse. — Le diable c'est d'en sortir.

∞

Impératif. — Pas commode à remplir ce mandat-là.

∞

Imprimerie. — Une machine sur laquelle on met les scellés après en avoir brisé les presses.

∞

Inconséquence. — Les hommes d'ordre restant chez eux ou sortant sans armes quand le désordre est dans la rue.

∞

INCORRIGIBLES. — Hélas! Hélas!

∽

INDIGESTE. — Les obus versaillais.

∽

INDUSTRIE. — Ordre de chevalerie de la Commune.

∽

INEPTIE. — La timidité des honnêtes gens qui fait le courage des coquins.

∽

INITIATIVE. — « L'initiative populaire du
» 18 mars inaugure une ère nouvelle de
» politique *expérimentale, positive, scienti-*
» *fique.* C'est la fin du vieux monde gouver-
» nemental et clérical, du militarisme, du
» fonctionnarisme, de l'exploitation, de l'a-
» giotage, des priviléges... » (*Déclaration au peuple français, 19 avril*).

∽

INSTRUMENT. — Bertrand tirant les marrons du feu pour Raton.

∽

INSURGÉ. — « Selon le droit international, » selon les antécédents de la guerre civile, » on n'est insurgé que les premiers jours. » (*Interpellation du citoyen Courbet, séance de la Commune du 27 avril*).
— Et après les premiers jours?

∽

INSURGÉS. — Les Prussiens de Paris.

∽

INTERVENTION PRUSSIENNE. — Ce dont nous sommes menacés tous les jours grâce à la Commune qui ne s'en préoccupe guère.

∽

INVISIBLES. — Les véritables chefs du mouvement... au feu.

J

JALOUSIE. — La serre chaude des principes révolutionnaires.

JAMAIS. —
« Ni jamais, ni toujours,
» C'est la devise... » de bien des choses.

JOCRISSES. — Moi, et vous, et 100,000 gardes nationaux de Paris, et bien d'autres encore, de laisser faire.

JOUR, — LE PLUS BEAU DES JOURS. — « Après une longue attente, aujourd'hui les » cœurs sincèrement républicains ont vu » luire le plus beau des jours, celui de l'ins-

» tallation de la Commune de Paris. » (*Comité central d'artillerie de la Seine, 30 mars*).

∞

Journal officiel de la Commune. — Est-ce Lebeau, est-ce Longuet, est-ce Vésinier ou Bergeret, est-ce Arnaud ou Demay qui le dirigent ?
S'adresser, pour les renseignements, à l'Hôtel-de-Ville et lire le numéro de ce journal du 30 mars.

∞

Journalistes. — Ecrivains qui n'ont jamais été plus libres qu'aujourd'hui... de se faire fourrer en prison — en attendant mieux.

∞

Journaux communeux. — *Ici on lave son linge sale en public.*

∞

Journée. — « La journée du 18 mars sera
» appelée dans l'histoire : la journée de la
» justice du peuple. » (*Proclamation du*

Comité de la Fédération de la garde nationale, 19 mars).

JUGEMENT. — Faculté de l'âme — qui réclame en vain l'accordeur.

JUSTICE. — Une boiteuse qu'ils ont réduite à l'état de cul-de-jatte.

L

LAISSEZ-PASSER. — Une chose qui se refuse à tout individu que l'on a un intérêt quelconque à garder dans Paris.

Lanterne magique. — Le défilé des frères et amis à la Commune, aux Comités, Commissions, délégations, etc., etc.

— Seulement, cela passe si vite, qu'on s'y perd.

∞

Larocque (jean). — Séminariste défroqué. Commis-rédacteur au Ministère du Commerce.

— Où diable a-t-il fait son apprentissage de *commandant militaire* de l'Hôtel-de-Ville?

∞

Laurier. — Gambetta les leur a tous emportés à Saint-Sébastien.

∞

Lebeau (émile). — Directeur de l'*Officiel* pendant quelques jours. C'était bien la peine, pour que son propre journal proclamât « que
» sa correspondance trahit depuis la pre-
» mière ligne jusqu'à la dernière, un état
» mental tout particulier. » (*Journal officiel de la Commune, 30 mars.*)

∞

LECOMTE, CLÉMENT THOMAS. — « Seuls
» deux hommes qui s'étaient rendus impo-
» pulaires par des actes que nous qualifions
» dès aujourd'hui d'iniques, ont été frappés
» dans un mouvement d'indignation popu-
» laire. » (*Proclamation du Comité de la
Fédération de la garde nationale.*)
— ! ! ! ! ! ! ! ! ! ! ! ! ! !

∞

LEÇONS DU PASSÉ. — Autant en emporte
le vent.

∞

LEFRANÇAIS. — A passé d'une compagnie
de vidanges à la Commune. — Il s'exprime
avec aisance, ce qui n'étonne pas.

∞

LÉGALITÉ. — « Il ne s'agit pas de sauver
la légalité, mais de sauver la Commune. »
(*L'Affranchi du 23 avril.*)

∞

LEURRER. — Promettre « d'universaliser
» le pouvoir et' la propriété (?) suivant les
» nécessités du moment (? ?), le vœu des

» intéressés (? ? ?), et les données fournies
» par l'expérience (? ? ? ?), » ainsi que le fait
le *Manifeste de la Commune au peuple
français.* 20 avril.)

∞

Libéraux. — En paroles, oui ; mais les actes, s. v. p.

∞

Libérateur. — Un merle blanc.

∞

Liberté. — Une arme trop dangereuse pour pouvoir être maniée impunément.

∞

Liberté des cultes. — Pour la faciliter, on pille les églises, on les ferme ou on y établit des clubs, et on incarcère les prêtres.

∞

Liberté individuelle. — Celle illimitée d'être coffré.

∞

Libertés publiques. — *Le droit* de faire ce que vous ordonnent, le revolver sur la gorge, une vingtaine de gredins auxquels un coup de force a donné le pouvoir pour un jour.

Licence. — Le pain quotidien de ces messieurs.

Loi. — Un mot inventé pour faire peur aux imbéciles.

Lullier. — Ancien officier de marine expulsé pour la façon dont il traitait les mousses. Nommé par le Comité, général de division et commandant en chef de la garde nationale de Paris, le 19 mars. « En cinq » jours, a dormi en tout sept heures *et demie*, » pris trois repas, passé vingt-huit heures à » cheval, expédié près de 2,500 ordres mili- » taires, » (*Voir sa lettre : Conciergerie, 28 mars.*) — le tout pour être fourré le sixième jour en prison par le même Comité.

M

Maillot. — Porte de Paris où il n'est pas bon, en ce moment, de promener les enfants qui y sont encore.

Malentendu. — C'est ainsi que certaines gens appellent l'établissement de la Commune par la violence, et son maintien par le vol, le pillage et l'assassinat.

Mécontents. — Tranquilles depuis trop longtemps pour ne pas s'en plaindre.

Mensonge. — Lire les proclamations et dépêches de la Commune.

Mépris. — La haute considération avec laquelle j'ai l'honneur d'être.....

∽

Millière. — Un citoyen qui va loin ! — Il veut « que la Commune se défende, s'il le faut, jusque sur les ruines de Paris que l'on fera sauter et que l'on brûlera. »
— « Il faut se défendre par le fer, par le feu, par les ongles et par les dents. » (*Réunion franc-maçonnique au Châtelet le 26 avril.*)

∽

Miot. — Ce membre de la Commune jouit sans doute d'une bonne santé. Il propose que les étudiants en médecine soient autorisés, sans passer de thèse, en raison de l'abandon que la Faculté a fait de son poste, à exercer avec le titre de docteur.
— La Commune, qui probablement se sent malade, est plus prudente et renvoie la proposition à la Commission d'Enseignement. (*Séance du 27 avril.*)

∽

Misère. — La fille aînée de l'émeute.

∽

Mission. — « La mission de la Commune
» est d'accomplir la révolution moderne la
» plus large et la plus féconde de toutes
» celles qui ont illuminé l'histoire, de lutter
» et de vaincre. » (*Déclaration au peuple
français. 19 avril.*)

Montmartre. — Montagne qui aurait bien mieux fait, hélas! d'accoucher d'une souris.

Mot de passe. — Moyen de sortir de Paris qui s'achète 5 francs aux officiers fédérés chargés de la garde des portes.
— *Preuves à l'appui.*

Mot-d'ordre. — Journal du citoyen Rochefort, qui est le dernier mot du désordre.

Mots (des). — Projectiles creux qu'on lance sur les multitudes pour les mener où l'on veut.

N

Naguères. — « Il n'y a pas longtemps, » dit l'Académie. — Les Prussiens ravageant et ruinant la France.

Les Parisiens devraient bien y songer un peu plus.

∽

Naïfs. — Ceux qui croient à la sincérité de la Commune et à la réalisation de son programme.

∽

Nation. — « Tous les habitants d'un même pays » (*Académie*)... s'entre-égorgeant.

∽

Naturalisation. — Le droit de venir commander à l'émeute.

∽

Neuilly. — Petite localité fort agréable, située... entre l'enclume et le marteau.

Notaire.
« Notaire plus n'exercera
» Qu'au compte du Gouvernement. »
(*Commandement communeux*, 23 avril.)

Nourri. — Un bien brave homme qui n'a fait qu'assassiner le général Bréa, ce pourquoi il est à Cayenne depuis vingt-deux ans. « La Commune l'amnistie et le fera mettre » en liberté *le plus tôt possible.* » (*Décret du* » 27 avril).

O

Obstacle. — La sagesse de la France et la fidélité de l'armée de Versailles.

Octroi (Employé d'). — « Tout employé, » sans distinction » — entièrement dépourvu de distinction ? — « qui cherchera, par des » menées sourdes ou des cabales occultes, à » désorganiser le service, sera mis en état » d'arrestation. » (Ordre de service du directeur Volpesnil, 15 avril).

Opinion publique. — Celle à laquelle on s'impose.

Orphelinat, Maison de secours. — Caisse des pauvres; à piller comme les autres.

Orthographe. — Pourquoi ne suivrait-elle pas le mouvement? — Echantillon :

Place de Paris.

Paris, le 19 mars 1871.

Le nommer Lepretre (Pierre) aux 6e d'artilleris étan malade, rentre d'urgense au Val-de-Grasse par ordre de la place.

Le commandant de place par intérim.

— Nous avons vu l'original.

OTAGES. — Des drôles comme l'archevêque de Paris, le curé de la Madeleine et vingt de ses confrères, des magistrats, des banquiers, des notables, des rien du tout enfin, répondant œil pour œil et dent pour dent pour les citoyens repris de justice et forçats libérés qui défendent la Commune et commandent ses bataillons.

OUBLI. — En 1814, on reprochait aux émigrés de n'avoir rien appris et rien oublié, après vingt ans d'exil. — En 1871, après cinq mois de siége, les Parisiens n'ont rien appris et ont tout oublié, même l'Alsace et la Lorraine.

P

PARIS. — « Paris en armes possède autant » de calme que de bravoure ; il soutient

» l'ordre avec autant d'énergie que d'enthou-
» siasme ; il se sacrifie avec autant de raison
» que d'héroïsme ; il ne s'est armé que par
» dévouement pour la liberté et pour la gloire
» de tous. » (*Déclaration au peuple français, 19 avril*).

PASSEPORT. — « Considérant que l'autorité
» civile doit empêcher les communications
» avec des êtres qui nous font une guerre
» sauvage : Aucun passeport ne sera délivré
» aux individus qui, soit agents de l'ancienne
» police, soit *à elle étrangers*, ont des rela-
» tions avec Versailles. » (*Arrêté du délégué près l'ex-préfecture de police, 7 avril*).

PATRIE.— Pauvre martyre dont on arrache le cœur, après lui avoir laissé meurtrir les membres et enlever le plus pur de son sang.

PENSION.— Le droit de toucher 365 francs par an, accordé à tout enfant *reconnu ou non*, d'un garde national *marié ou non*, dont le papa a été tué *pour la défense des droits du peuple*. (*Décret du 10 avril*).

Perquisition. — Recherche d'armes, particulièrement dans les maisons où l'on sait que l'on trouvera une caisse à forcer et des objets de prix à déménager.

∞

Pétrin. — Vaste coffre dans lequel la Commune, après y avoir mis la France, puise le décret qui supprime l'aristocratique pain frais en supprimant le travail de nuit. (*Décret du 20 avril*).

∞

Pétrin (Re-). — La tyrannie du pétrin nocturne passe à l'état de manie chez ces Messieurs. — Un arrêté du 28 avril re-interdit le travail de nuit des boulangers. — Mystère??

∞

Pillage. — La carte de visite des Communeux.

∞

Pilotell. — Ex-dessinateur de l'*Eclipse*, artiste par nature, policeman par vocation, mais « *négligeant les formes,* » ce qui motive sa mise en disponibilité. (*Arrêté du délégué à la sûreté générale du 24 avril*).

~

Poutre. — Grosse pièce de charpente qu'ils ont dans l'œil et avec laquelle ils font dérailler les trains.

« Mettre un homme énergique à Ouest-
» Ceinture. Cet homme devra avoir une
» poutre pour monter la garde. Il devra faire
» dérailler les trains s'ils ne s'arrêtent pas. »
(*Ordre du Comité central, 30 mars*).

~

Pouvoir. — « La Commune se regarde
» comme un pouvoir plus régulier que celui
» de Versailles qui ne représente qu'un pays
» foulé par l'étranger. » (*P. Grousset, au nom de la Commission exécutive, 27 avril*).

~

Presse. — Institution pour la liberté de laquelle toutes les oppositions ont toujours combattu jusqu'au jour où elles l'ont muselée plus sévèrement qu'avant.

~

Prince. — « Un prince, fils de prince, qui continue de s'appeler prince, excite notre colère et appelle notre justice. La Société n'a qu'un devoir envers lui : la mort. Elle n'est tenue qu'à une formalité : la constatation d'identité. » (*Journal officiel du 27 mars. Signé : Ed. Vaillant*).

Principes. — Tout ce que commande la passion.

Prisons. — Pépinière des grands hommes de la République.

Proclamations. — Le dernier mot du boniment.

Progrès. — Ramener l'homme à l'état de singe féroce, et reconstruire la tour de Babel sur l'emplacement de la colonne Vendôme.

Promettre... et tenir sont deux.

∽

Propriété. — Ce que l'on prend à son voisin au nom de la *Fraternité*; que l'on garde pour soi au nom de la *Liberté*, et que l'on défend contre les autres, jusques et y compris aux coups de fusil, au nom de l'*Egalité*.

∽

Protot (Eugène).—Hier simple stagiaire. 24 ans. Aujourd'hui garde des sceaux.
— Vrai, ils sont bien gardés !

∽

Province. — « La province, en s'unissant
» à la capitale, prouvera à l'Europe et au
» monde que la France tout entière veut
» *éviter toute division intestine, toute effusion*
» *de sang.* » (*Les délégués au journal officiel,*
20 *mars*).

∽

Pudeur.— De l'hébreu !

∽

Pyat (Félix). — Un pur celui-là ! N'avait-il pas voulu donner sa démission de la Commune. Mais ses électeurs y ont mis bon ordre. — « Nous vous sommons, lui écrivait, » le 23 avril, le conseil de la X⁰ légion, » d'avoir à reprendre votre place à la Com- » mune ; car vous êtes soldat et vous devez » rester sur la brèche jusqu'à la fin du com- » bat *du passé contre l'avenir.* »

Les femmes s'en sont mêlé aussi : « Pour » nos maris et nos fils retenus devant l'en- » nemi, nous vous demandons de rester à » votre poste. »

— « J'obéirai ! » a répondu le grand citoyen.

Et il a obéi.

R

Ranvier. — De marchand de peaux de lapins, passer membre du Comité de Salut

public, la chose peut paraître étrange. Mais quand on *jouit* d'une aussi détestable réputation que le citoyen Ranvier, quand on possède à son avoir les antécédents soissonnais qui font sa gloire et feraient la honte d'un autre, tout s'explique.
— Peau d'lapin ?

RASTOUL. — L'homme de la confiance. — Fait voter par ses collègues de la Commune que chaque délégué sera placé sous la surveillance d'une Commission qui fera chaque jour un rapport sur ses actes. (*Séance de la Commune du 23 avril.*)

RAZOUA. — Ex-zouave, ex-garçon de bureau au *Nain-Jaune*, ex-député de Paris; sait lire et écrire. Figure avantageusement parmi ses collègues de la Commune.

RÉFRACTAIRES. — Des gardes nationaux parisiens qui ne veulent pas tirer sur des Français.

RÉGÉNÉRATION. — « Intellectuelle, morale, administrative et économique. » — Surprise que Paris ménage à la France. (*Manifeste au peuple français. 19 avril.*)

☙

RÉGÈRE. — Maire du V⁰ arrondissement. Il est d'avis que « la seule chose capable de
» sauver le pays est le prolétariat instruit,
» le vrai peuple, seul pur encore de nos
» fautes et de nos déchéances. » (*Proclamation du 26 mars.*)

☙

RÉQUISITIONS. — Le vol réglementé.

☙

REVANCHE. — « La garde nationale prend
» en ce moment une revanche de son inac-
» tion pendant le siége. Il y a dans cette
» fièvre de lutte un besoin de réhabiliter
» Paris vaincu et livré. » — C'est le citoyen Rochefort qui le dit.

☙

RÊVE, CAUCHEMAR. — Durée de la Commune.

∽

RÉVOLUTION. — « *Abyssus Abyssum invocat.* »

∽

RÉVOLUTIONNAIRES. — Ceux qui ont à profiter des révolutions.

∽

REVOLVERS. — Récompense que le Ministre de la guerre accorde aux artilleurs de la porte Maillot pour leur tenir lieu d'habillement dont ils sont si dépourvus, qu'ils servent leurs pièces en bras de chemise. (*Journal officiel de la Commune. 28 avril.*)

∽

RIGAULT (RAOUL). — Pendant cinq semaines policier en chef de la Commune à l'ex-préfecture de police ; aujourd'hui mis à pied.
— Aurélien Scholl écrivait de lui en

1869 : « Connait tous les mouchards de Paris et s'en méfie. »

— A présent, il s'en sert.

⁂

Rossel. — Ancien élève de l'école polytechnique. Chef d'état-major général de la Commune. Ministre de la guerre le 30 avril.

— Bel avancement ! — Aussi craint-il de succomber « *sous le poids des circonstances.* » (*Proclamation du 30 avril.*)

— Je le crains aussi pour lui, vu le poids en question.

⁂

Royalistes. — Les Républicains qui ne sont pas partisans de la Commune.

⁂

Ruines. — Ce que l'on entasse le plus sous le régime communeux.

⁂

Ruisseau. — La baignoire de la Commune.

⁂

Rupture de ban. — La rupture de ban met à celui de la société ; mais elle ménage une place sur ceux de la Commune.

Ruraux. — Vous et moi.

S

Scellés. — Garantie des caisses publiques ou privées que l'on a préalablement vidées.

Sectes. — Voici comment se sont classés eux-mêmes, dans une réunion de l'*Internationale*, messieurs de la Commune : « Communistes, babouvistes, jacobins, unitaires, collectivistes, individualistes, hébertistes et fédéralistes.

— Une assez jolie liste !

∽

SEINE-OISILLONS. — Epithète gracieuse appliquée aux habitants de Seine-et-Oise qui se groupent autour de l'Assemblée nationale et la défendent.

∽

SÉQUESTRE. — « Ce sous quoi l'on a mis
» les biens de Thiers, Favre, Picard, Du-
» faure, Simon et Pothuau (le décret ne les
» qualifie ni *messieurs*, ni citoyens) qui ont
» ordonné et commencé la guerre civile, tué
» et blessé des gardes nationaux, des femmes
» et des enfants ; crime commis avec prémé-
» ditation et guet-apens, sans provocation
» écrite. » (*Décret du 4 avril.*)

∽

SERVICE *obligatoire de la garde nationale*. — « Soyons frères et entre-tuons-nous ! »

∽

Socialisme. — La régénération de la France.

⁂

Sœurs des pauvres (petites). — Pas même elles, n'ont été à l'abri des perquisitions.

⁂

Sublime. — « Le mouvement de la popu-
» lation parisienne. » (*Proclamation aux départements. 6 avril.*)

T

Télégraphie. — « Ce service utile entre
» tous dans ces moments de crise suprême,
» de rénovation, n'a pas été oublié dans le

» complot *monarchique* qui désorganise tous
» les services. Les employés sont à Ver-
» sailles, *avec le roi.* C'est une nouvelle pièce
» de ce grand procès entre peuples et rois. »
(*Comité central. 20 mars.*)

∽

Tentative d'assassinat. — « Pas une
» seule ne s'est produite dans Paris depuis
» trois semaines. » (*Proclamation aux départements. 6 avril.*)
— L'assassinat se pratique, paraît-il, sans
tentative.

∽

Terme. — Une chose que les locataires
n'ont plus à payer depuis le décret de la
Commune du 29 mars.
— Odieux terme !

∽

Ternes. — Quartier de Paris dont les
habitants le sont terriblement dans les circonstances actuelles.

∽

Théorie et pratique. — Pôle nord et Pôle sud.

∽

Thiénot. — Malheureux fusillé *par erreur*. Ils étaient deux Thiénot. La Commune s'est trompée; elle n'a pas pris le bon.— On a fait des excuses à sa veuve; elle aura une pension !!!

∽

Tolain. — Est-ce par jalousie de métier que cet ancien ciseleur en bronze, devenu membre de la Commune, a voté la démolition de la colonne Vendôme ?

∽

Tomber de Charybde en Scylla. — Expression proverbiale. — Tomber du Gouvernement de la Défense nationale dans celui de la Commune.

∽

Traitements. — Il est commode d'en toucher de gros pour en faire subir de mauvais aux autres.

∽

TRANQUILLES. — « Ce que sont plus que
» jamais les rues de Paris. » — La Commune
l'affirme dans sa proclamation aux départements. (*6 avril*)

∞

TRAVAIL (*Droit au*).— Le droit de toucher
une solde de 1 fr. 50 par jour en ne faisant
rien.

∞

TRAVAIL DE NUIT. — Interdit *aux boulangers* comme « contraire à la morale, à la
famille et à la santé. »
— Et les autres ?

∞

TRAVAILLEURS. — « Gens qui doivent, de
» leurs fortes mains, jeter sous leurs talons
» l'immonde réaction. » (*Journal officiel du
7 avril.*)
— Puisqu'on les empêche de faire autre
chose !

∞

TROCADÉRO. — Un bambin qui a voulu se

mêler de faire comme les grands, — mais sans succès.

∽

Turpitudes. — L'un des mots de leur devise.

∽

Tyrannicide. — « L'opinion de la légiti-
» mité du tyrannicide est très-soutenable et a
» pour elle l'autorité, non-seulement de toute
» l'antiquité, mais encore des modernes tels
» que Montesquieu, Milton, sir Philipp Fran-
» cis, sans parler des théologiens qui l'ont
» soutenue au point de vue catholique. »
(*Journal officiel de la Commune du 30 mars.*)

———•—✕—•———

U

Uniforme militaire. — Le moyen pour les insurgés de tâcher de se faire passer pour d'honnêtes gens.

∽

UNITÉ. — « L'unité politique, telle qu'elle
» nous a été imposée jusqu'à ce jour par
» l'Empire, la Monarchie et le parlementa-
» risme, n'est que la centralisation despo-
» tique, inintelligente, arbitraire et oné-
» reuse. » (*Déclaration au peuple français.*
19 avril.)

URBAIN. — L'un des grands hommes de
l'Hôtel-de-Ville, trouve « que ceux qui n'ont
pas voté pour la Commune sont odieux et
ridicules. » — « Ils n'ont pas voulu défendre
» leur liberté par le vote ; ils ne sont à mes
» yeux ni Français, ni Allemands, ni Chi-
» nois. » (*Séance de la Commune. 19 avril.*)

V

VAILLANT (ÉD.). — Au retour d'un petit
voyage en Amérique où il s'était fait accom-
pagner de la caisse sociale de la maison de

commerce à laquelle il était attaché, est devenu l'un des honorables de la Commune.
— C'est lui qui trouve que le seul devoir envers les princes est de les assassiner.

*

VALLÈS (JULES). — Ancien pion de collége et soi-disant homme de lettres. Ayant jadis écrit que « il fallait brûler les livres comme étant dangereux ou inutiles; » il se trouvait tout naturellement désigné comme délégué à l'Enseignement.

*

VARLIN. — Une autre spécialité. — Relieur, ayant eu des malheurs avec la caisse de secours de sa corporation.
— Où vouliez-vous qu'on le mit, si ce n'est à la Commission des finances?

*

VENGEUR (LE). — Encore un petit journal plein d'aménités. — « Nous étions asphyxiés.
» La Révolution a ouvert; la France est
» sauvée... Le travail est roi. En attendant
» l'outil il tient le fusil... Le demi-monde
» a disparu et le monde et demi... Tous ces

» mondes sont partis de Paris et ont suivi à
» Versailles le fumier gouvernemental... »
« Le postiche et le pastiche sont des vaincus
» de Sedan. Les femelles et leurs crevés sont
» à Versailles; les hommes et les femmes à
» Paris... Le peuple avec ses mains probes,
» ses habitudes d'ordre, de règle, de labeur
» et de devoir, en relevant la République, a
» rétabli le foyer... etc., etc., etc... »
(*29 avril — 10 floréal, An LXXIX.*)

∞

VERMOREL. — L'un des gros bonnets de la maison. Fait de la police pour le compte du citoyen Rigault — ou de son successeur — comme il en faisait pour celui de M. Rouher.
— « Un bombyx à lunettes, » a dit de lui Félix Pyat, son collègue, frère et ami.

∞

VÉRITÉ (*la*). — On a mis les scellés sur son puits.

∞

VERTU. — Ce qu'ailleurs on nomme *vice*.

∞

Vésinier. — Collaborateur de P. Grousset à l'*Affranchi*. Membre de la Commune. — Rochefort prétend qu'il ressemble à *une racine de buis*.

— « Tant pis pour la racine de buis » a dit Francisque Sarcey qui n'est pas de la Commune, lui.

∽

Veuve. — Une femme dont le garde national — *légitime ou non* — s'est fait tuer sur les remparts.

— A droit à une pension.

∽

Victoires (*remportées par les troupes de la Commune*). — Défaites essuyées par les mêmes, passées à l'étamine du *général Cluseret*.

∽

Vincent. — Administrateur général de la Bibliothèque nationale. Précédemment intéressé dans une entreprise de vidanges, où ses fonctions ne le prédestinaient pas à la conservation des papiers.

— Vient d'être révoqué (27 avril). — Le naturel serait-il revenu au galop?

∽

Vol. — Les petits bénéfices des Communeux. — Il faut bien que chacun vive.

∾

Vote a bulletin secret. — « Chose
» immorale au premier chef, attendu qu'il
» ne peut y avoir de démocratie et d'élec-
» tions libres que là où les électeurs accep-
» tent la responsabilité de leurs actes. »
(*Pétition à la Commune, 13 avril, signée:
Winant, Tanguy, Sallée.*)

W

Wroblewski. — Encore un Polonais de la Pologne! Celui-là était pianiste et, qui plus est, pianiste de l'empereur du Brésil. — N'ayant jamais fait la guerre... qu'à sa femme dont il s'est séparé après six mois de mariage, et portant des lunettes comme Dombrowski, il avait des titres suffisants pour être fait général de l'insurrection.— Ne pas confondre avec M. Emile Wroblewski, pianiste-compositeur, habitant Poitiers. Ce dernier est un homme parfaitement honorable.

Z

ZÈLE INTEMPESTIF. — « Manie qu'ont certains chefs de légion de faire battre le rappel et la générale et de déranger à tous propos des citoyens *qui seraient bien mieux dans leur lit.* » (*Ordre du général Cluseret. 14 avril.*)

APPENDICE.

—>-x-◄—

ALLIX. — L'homme des escargots sympathiques. — Contrairement à l'opinion de son collègue Vermorel qui trouve qu'il ne faut pas avoir l'air de changer trop souvent de gouvernement, celui-ci vote pour le Comité de salut public « attendu que la Commune le » détruira quand elle voudra. » (*Vote du 1er mai.*)

∾

ARNOULD (ARTHUR). — En sa qualité de fils d'un ancien professeur de faculté, on voulait le nommer correcteur en chef des comptes-rendus de la Commune.— « Il m'est » impossible, s'est-il écrié, d'accepter un » travail de nuit ; avant trois jours je serais » au bout de mes forces. »

∾

Babyck. — Un de messieurs de la Commune qui trouve que le Comité de salut public « est un retour aux errements monar‑
» chiques. » (*Séance du 30 avril.*)

∽

Beslay. — Le doyen de la Commune ; 71 ans, peu de cheveux et moins encore d'éloquence quoique longtemps député. Pas dangereux.

∽

Blanchet. — Avoir été capucin sous le nom de Panille et devenir membre de la Commune sous celui de Blanchet, voilà le problème qu'a résolu M. X.
— Nous n'osons l'appeler d'aucun nom, il en a peut-être encore d'autres.

∽

Comité de salut public. — Il manquait celui-là à la collection des Comités platoniques et des Commissions idéales que la Commune a mis au monde. Il existe depuis le 1er mai. — Après?
Ce Comité est composé de cinq membres,

dont les noms passeront désormais à la postérité :

Ant. Arnaud, élu par 33 voix.
Léo Meillet, — 27 —
Ranvier, — 27 —
Félix Pyat, — 24 —
Charles Gérardin, 21 —

— « Les pouvoirs les plus étendus sur toutes les Commissions sont donnés à ce Comité, qui ne sera responsable qu'à la Commune. »

COMMISSION EXÉCUTIVE — Jugée par elle-même. — « En moins de quinze jours, des
» conflits de toute nature se sont élevés ; la
» Commission donnait des ordres qui
» n'étaient pas exécutés ; chaque commis-
» sion particulière, se croyant souveraine de
» son côté, donnait aussi des ordres ; de
» telle façon que la Commission exécutive
» faisait des efforts surhumains pour s'occu-
» per de tout, et en somme ne s'occupait de
» rien. » (Séance du 28 avril.)

DELESCLUZE. — C'est de lui que l'on a dit qu'il était né vieux et envieux. — Il n'a pas changé.

— Comme membre de la Commune « il
» lui reconnait le tort de ne pas s'affirmer
» *plus carrément* et d'avoir menacé sans
» jamais frapper. » — Comme journaliste
« il s'étonne de la longanimité dont on use
» vis-à-vis des journalistes. »

※

DÉNONCIATIONS. — « Le chef du premier
» bureau de la Préfecture de police — (Il y
» a donc encore une Préfecture de police ?
Le citoyen Rigault disait : *ex-préfecture !*)—
» prévient les citoyens qu'il ne tiendra
» aucun compte des dénonciations ano-
» nymes. » (*Journal officiel. 28 avril.*)
— Il sera donc tenu compte des autres ?...

※

FEU GRÉGEOIS. — « Il faut réserver aux
» boule-dogues de M. Thiers la surprise
» expérimentale d'un feu grégeois dont les
» essais faits il y a quelques jours, ont parfai-
» tement réussi. Cela fera sensation et nous
» délivrera du despotisme et des gros ba-
» taillons. » (*Lettre de Georges Duchêne à la
Commune.*)

※

Franckel (Léo). — « Ne voit pas l'utilité
» du Comité de salut public » — ni moi non
plus ! — mais « ne voulant pas prêter à des
» insinuations contraires à ses opinions
» socialistes, il vote pour le Comité, tout en
» se réservant le droit d'insurrection contre
» lui. » (*Vote motivé du 1er mai.*)
— Voyez-vous l'homme prudent !

Guerre (administration de la). — « C'est
» l'organisation de la désorganisation. Dans
» cette partie du service on se moque véri-
» tablement de la Commune, en ne tenant
» pas compte de ses décisions... Nous mar-
» chons à la dictature incapable. » (*Billioray,
séance du 28 avril.*)

Meillet (Léo). — Membre de la Commune
qui n'est pas pour la conciliation. — « Une
» députation est venue me trouver ; je l'ai
» prévenue que je ne la recevais que comme
» auxiliaire et non comme conciliatrice. »
(*Séance du 3 mai.*)

PAZDZIERSWSKI. — !! Voir ce Polonais commander, par intérim il est vrai, le fort d'Ivry, et être obligé de prononcer son nom : si ce sont les jouissances des Communeux, elles ne sont guère enviables.

VERDURE. — Ancien caissier de la *Marseillaise*. L'un des naïfs de la Commune. Myope au moral comme au physique.
— O beau mois de mai.....

www.ingramcontent.com/pod-product-compliance
Lightning Source LLC
LaVergne TN
LVHW050604090426
835512LV00008B/1343